griechischer Doppelaulos, 570 v. u. Z.

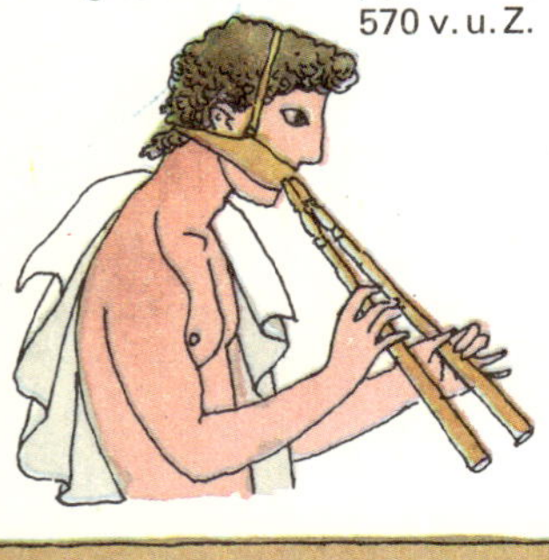

Musik ist ständig um uns. Sie kann leise sein wie ein Hauch, aber auch lärmend und kraftvoll. Sie hat unendlich viele Ausdrucksmöglichkeiten und läßt uns das erleben, was mit Worten oder auf andere Weise nicht zu sagen ist. Jeder wird etwas anderes in ihr entdecken. Zu allen Zeiten haben Menschen die Musik geliebt, selbst musiziert oder ihrem wunderbaren Klang zugehört.

ägyptische Harfe, 2500 v. u. Z.

Guido Bimberg

Der wunderbare Klang

Elfriede & Eberhard Binder

In einer alten griechischen Sage wird von dem Sänger und Lyra-Spieler Orpheus erzählt, der mit seiner Musik allen Menschen Freude bereitete. Selbst die wilden Tiere, die Bäume und die Steine lauschten ihm mit Hingabe, denn er verstand es, nicht nur die Geräusche der Natur, das Rauschen des Windes in den Blättern oder das Zwitschern der Vögel nachzuahmen. Mit seiner Stimme und seinem Instrument verband er die einzelnen Töne so miteinander, daß sie sich zu bezaubernden Klängen aneinanderreihten.
Tatsächlich gab es Musik vermutlich schon bei den ersten Menschen. Sie hielten sie für eine Zauberkraft, da sich ihre Sehnsucht, Traurigkeit, Hoffnung, Fröhlichkeit oder Zufriedenheit mit solch künstlich erzeugten Klängen wiedergeben ließen. Der wunderbare Klang von Musik hat die Menschen zu allen Zeiten bezaubert.

Altberliner Verlag

Hast du schon einmal richtig laut geschrien oder gepfiffen? Mit Topfdeckeln, Blechdosen oder einer Trillerpfeife ordentlich Krach gemacht? So entstehen Geräusche. Der fröhliche Lärm auf dem Spielplatz macht viel Spaß, aber nicht alle Menschen sind erbaut davon. Hundebellen und Blechdosenscheppern, Indianergeheul oder das Summen des Brummkreisels sind noch keine Musik.

die Mandoline

Schöner ist es, wenn man mit anderen Kindern gemeinsam singt oder auf einem Musikinstrument spielt. Das kann man allein oder zusammen mit anderen auf einer Musikschule lernen. Dort arbeiten Musiklehrer, die zeigen, wie man richtig singt oder wie man ein Instrument spielt. Wer Musik gern mag und fleißig ist, der kann sich selbst und anderen Menschen mit seinem Spiel viel Freude bereiten.

das Akkordeon

Musik besteht aus Tönen, die einzeln oder zusammen klingen können. Schon mit einem selbstgebastelten Instrument kann man feststellen, daß es hohe und tiefe, kurze und lang dauernde Töne gibt. Wie aber entstehen diese verschiedenartigen Töne?
Wenn man an einem gespannten Draht zupft oder leicht an ein Glas schlägt, bemerkt man ein schnelles Zittern am Draht oder Glas. Dieses Zittern nennt man Schwingungen. Sie werden von der Luft an das Ohr getragen, wo wir sie als Töne hören. Bei jedem Musikinstrument schwingt etwas, wenn man es spielt.

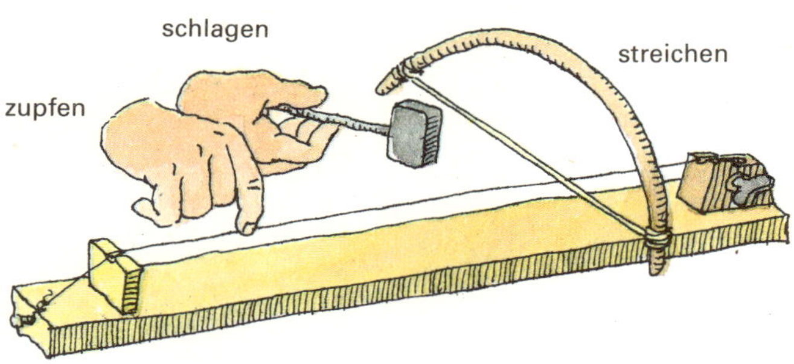

Eine solche gespannte Sehne nennt man Saite. Je weiter die Saite bei den Schwingungen ausschlägt, desto lauter hört man den erzeugten Ton.

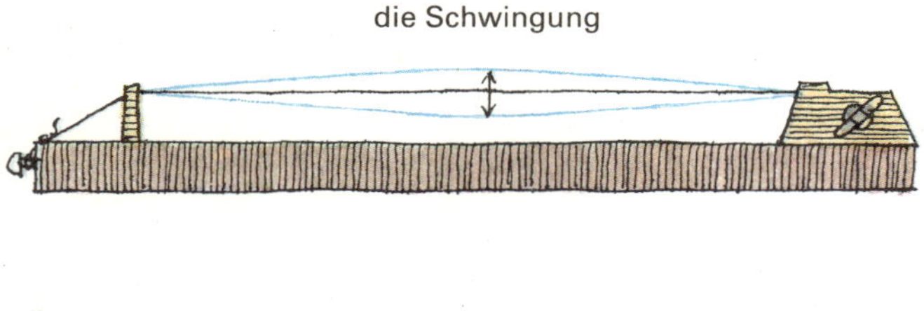

Wenn man die Saite an die Unterlage drückt, wird der schwingende Teil verkürzt und schneller hin- und herbewegt. Dadurch klingt der Ton höher.

Wenn die verkürzte Saite schwingt, wird der Ton höher.

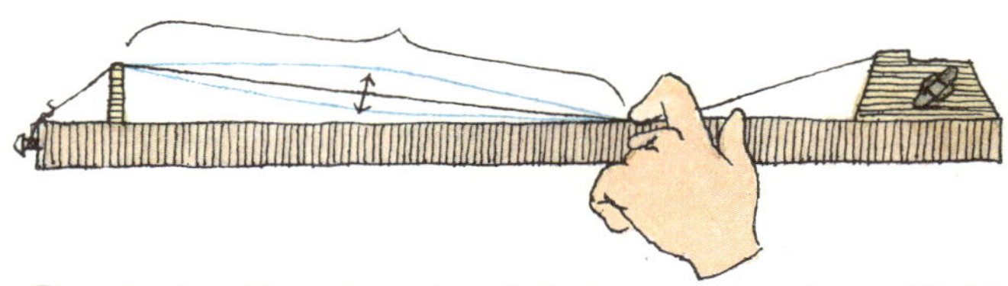

Damit der Ton lauter wird, baut man einen Hohlraum. Die Schwingungen übertragen sich auf die darin enthaltene Luft und werden dadurch verstärkt (Resonanz). Der Ton wird lauter.

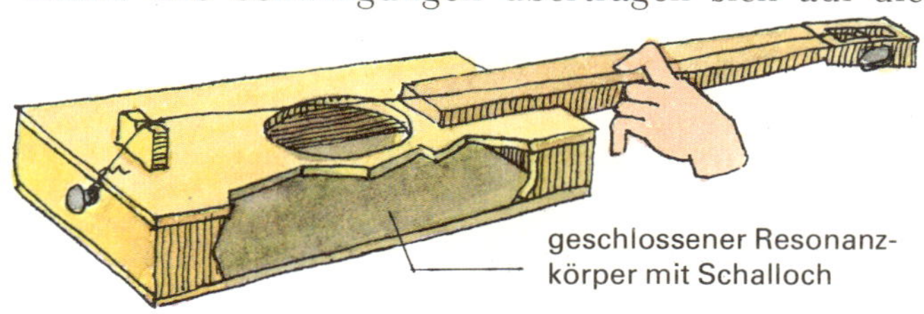

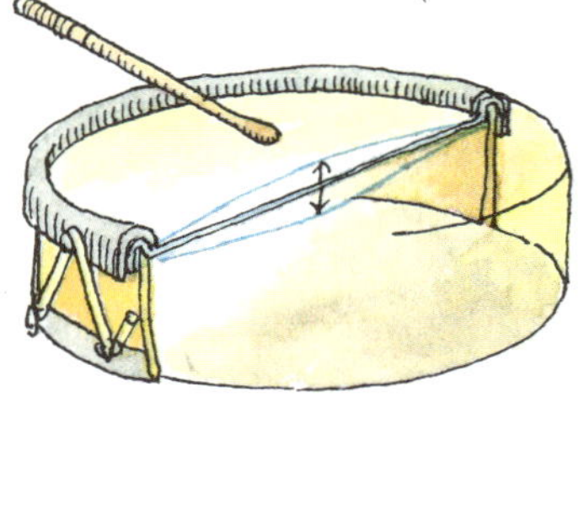

Schwingungen entstehen auch, wenn ein Luftstrom zerschnitten wird. Der Peitschenknall oder der heulende Wind beim Autofahren sind Beispiele dafür.

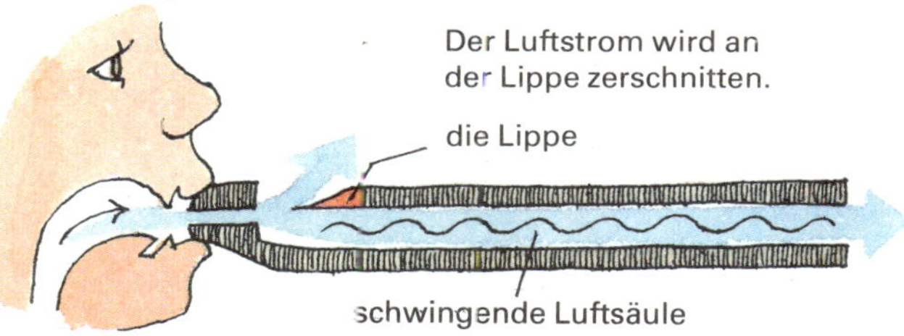

Bei diesem Rohr wird der hineingeblasene Luftstrom geteilt, und die im Rohr befindliche Luft gerät in Schwingungen. Hat das Rohr mehrere Löcher zum

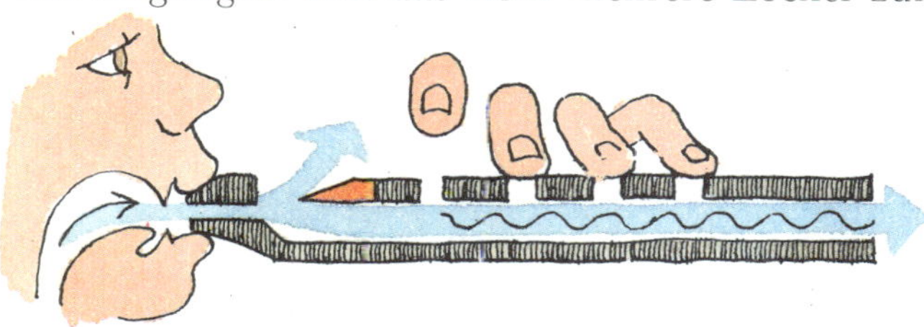

Abdecken mit den Fingern, kann man die Schwingungen verkürzen oder verlängern, den Ton höher oder tiefer halten.

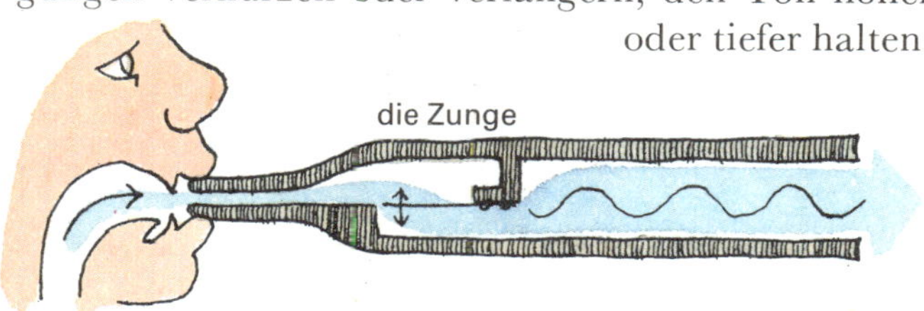

Hier erzeugt das im Luftstrom hin- und herschwingende Federblatt (Zunge) die Schwingungen.

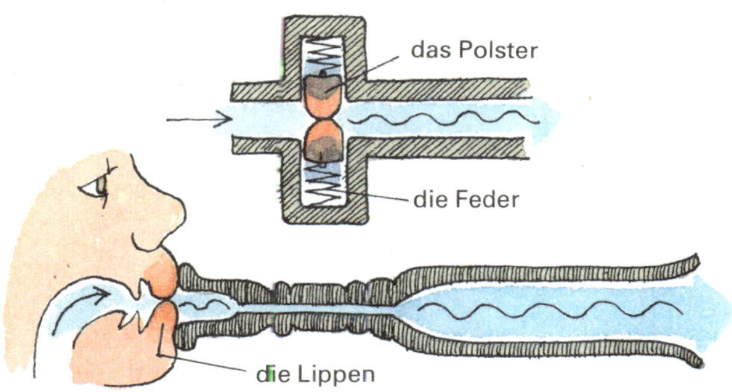

Schwingungen entstehen, wenn ein starker Luftstrom die von zwei Federn aufeinandergedrückten Polster bewegt.

Auch die Lippen können solche Polster sein. Vom Druck der Federn oder der Lippenkraft hängt es ab, welche Töne mit dem Luftstrom erzeugt werden. Die menschliche Stimme entsteht auf diese Weise. Es gibt noch andere solche „Luftklinger“. Bei den geblasenen Instrumenten hängt die Höhe der Töne von der Länge der schwingenden Luftsäule ab, also von der Länge des Rohres.

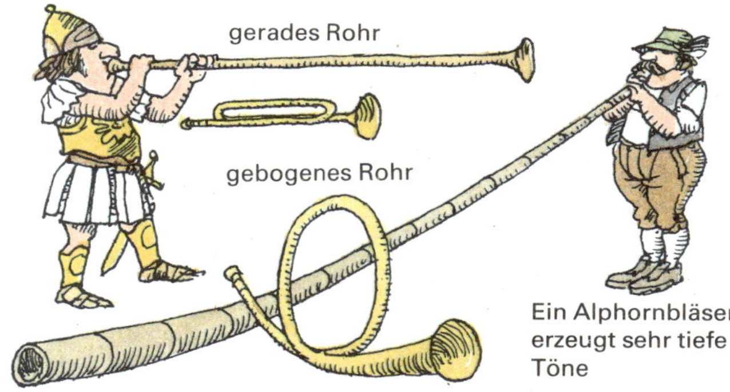

Wenn das Rohr gebogen ist, kann man das Instrument leichter handhaben und tragen.

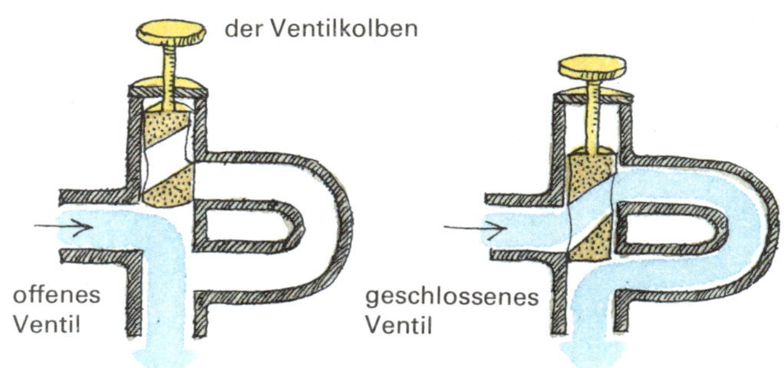

Die Luftsäule kann durch Zusammen- oder Auseinanderschieben der Rohre verkürzt oder verlängert werden. Das ist auch mit einem Ventil möglich.

das Tamburin

Vor vielen hundert Jahren, im Mittelalter, zogen Spielleute im Lande umher und verdienten sich Essen und Trinken mit ihrem Musizieren vor den Königen, Rittern und Hofdamen. Manche Edelleute trugen auch selbst Lieder vor, in denen sie von Liebe und Treue, von Kämpfen und Abenteuern sangen. Man nannte sie oft Minnesänger. Einer der berühmtesten war Walther von der Vogelweide.

die Glocken

die Fiedel

Gesang und Tanz gab es auch bei den Bauern. Ihre Instrumente waren meist sehr einfach gebaut. Die Fiedel, der Dudelsack und die Trommel gehörten dazu. In ihren Tänzen konnten die Bauern oft viel fröhlicher und ausgelassener sein als die Adligen an den Höfen. Sie sangen von ihren Freuden und Sorgen. Viele dieser Lieder kennen wir auch heute noch als wunderschöne Volkslieder.

der Dudelsack

Von den Musikinstrumenten des Mittelalters sind uns nur wenige erhalten. Wir wissen aber, daß alle Instrumente dieser Zeit aus Asien zu uns gebracht worden sind. Hier wurden sie an den Höfen, in den Städten und von den Bauern gespielt und weiterentwickelt. Die heute noch erhaltenen Instrumente zeugen von der bedeutenden Kunstfertigkeit der damaligen Instrumentenbauer. Oft verzierten sie ihre Instrumente mit Schnitzereien und Farben. Viele dieser Instrumente sind nur noch in Museen zu besichtigen.

Die Orgel erlangte vor allem in der Kirchenmusik große Bedeutung. Man bezeichnete sie wegen ihrer Größe und des gewaltigen Klanges, den man mit ihr erzeugen kann, als „Königin der Instrumente“. Es gibt große und kleine Orgeln. In Kirchen und Konzertsälen sind sie meist fest eingebaut. Eine kleine Standorgel, etwa von der Größe eines Schrankes, heißt Positiv. Beliebt war auch das Portativ, eine kleine tragbare Orgel, die besonders bei Umzügen mitgeführt wurde.

Alle Orgeln werden durch einen Luftstrom betrieben, der die kleinen und großen Pfeifen (ähnlich den Blockflöten) und die Zungenstimmen (der Mundharmonika vergleichbar) zum Klingen bringt. Die Orgel wird von einem Organisten gespielt. Auf seinem „Spieltisch“ bedient er mehrere Tastaturen mit der Hand (Manuale) und sogar mit den Füßen (Pedal).

Lauten gibt es seit über 5000 Jahren.

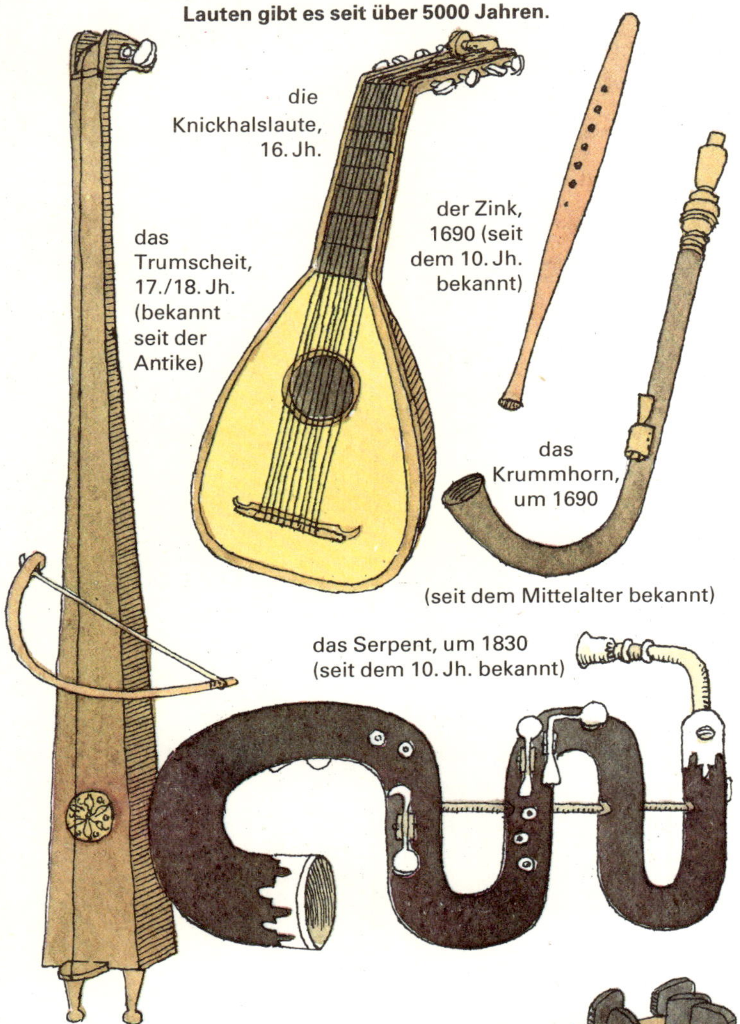

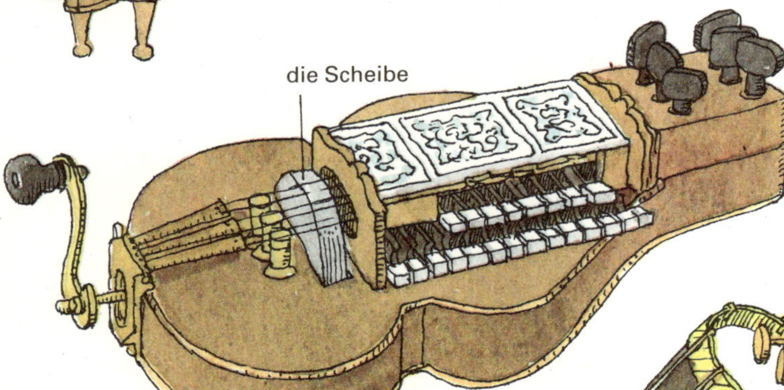

die Drehleier, 18. Jh. (seit dem 9. Jh. bekannt)
Die Kurbelscheibe streicht die Saiten und erzeugt Töne, die durch die Tasten verändert werden können.

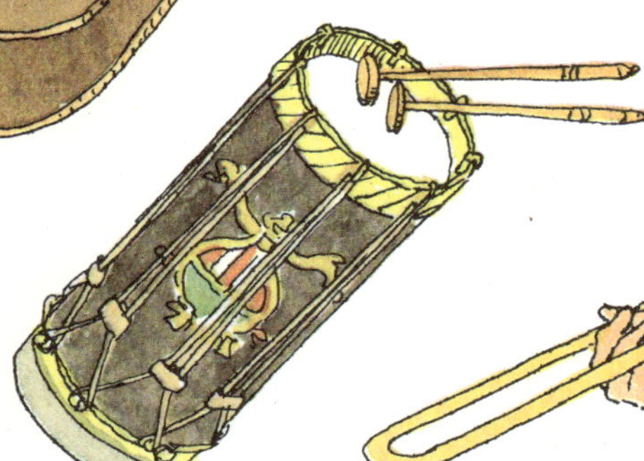

die Landsknechtstrommel, 17. Jh.

die Posaune, um 1620
(entstand im 15. Jh.)

Vereinfachte Darstellung der Tonerzeugung

das Portativ, um 1490 (entstand im 12. Jh.)

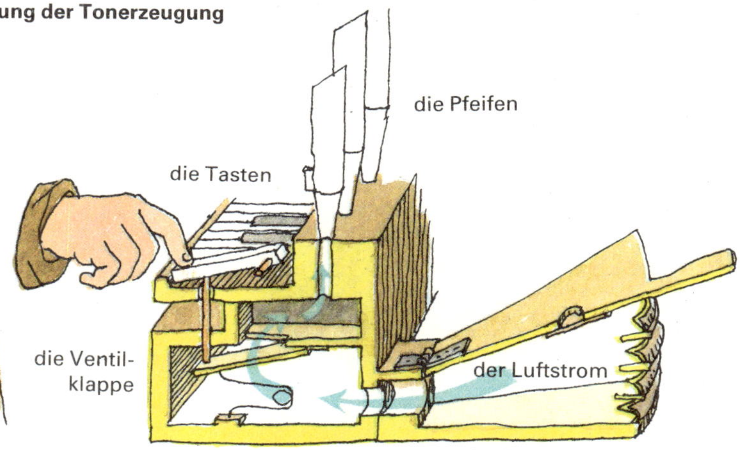

die Trompete, 1598

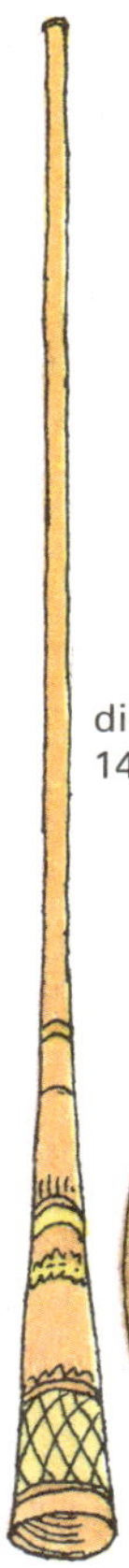

die Trompete,
14. Jh.

die Lure,
vor etwa
3000 Jahren
(Bronzezeit)

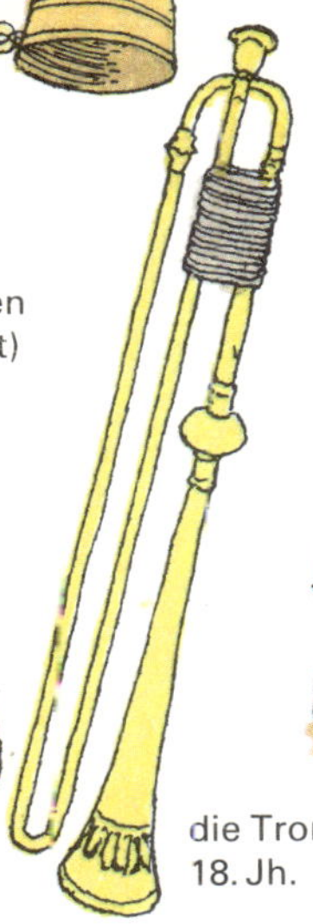

die Trompete,
18. Jh.

Vorderansicht einer großen
Orgel (der Prospekt) um 1730

Im 17. Jh. entstanden die Operntheater. Da es noch kein Radio und Fernsehen gab, diente es mehr noch als heute der Unterhaltung. Auf der Bühne wurde eine heitere oder traurige Geschichte mit Musik vorgetragen. Die Sänger traten in phantasievollen Kostümen vor einem prächtigen Bühnenbild auf und wurden vom Orchester begleitet. Im Theater saß ein wohlhabendes Publikum.

Oft luden reiche Adlige oder Kaufleute ihre Freunde zu kleinen Festen ein. Es war immer etwas Besonderes, wenn bei diesen abendlichen Geselligkeiten auch musiziert wurde. Mit ihren Blas- oder Streichinstrumenten ließen die Musiker freundliche, heitere Stücke erklingen, die sich gut in die anmutige Stimmung des Festes einfügten. Man nannte diese Musik Ständchen oder Serenade.

Ein berühmter Violin-Virtuose war Paganini (um 1830).

Der wachsende wirtschaftliche Reichtum ermöglichte es immer mehr Menschen, sich in ihrer Freizeit mit Musik zu beschäftigen. Sie besuchten das Operntheater oder ein Orchesterkonzert. Viele begeisterten sich auch für Kammermusik, also für Musikstücke, die nur von wenigen Musikern vorgetragen wurden, wie bei den Serenaden.
Wenn ein Musiker seine Stimme oder sein Instrument besser als alle anderen zum Klingen bringen konnte, zog er als Musik-Virtuose von Stadt zu Stadt. Vom Publikum wurde er dann stürmisch gefeiert.
Wer musikalisch war, musizierte selbst zu Haus am Klavier, in einem Streichquartett oder sang im Chor. Oft konnte man auch umherziehende Musiker erleben, die in ihren Liedern eine spannende Geschichte (Moritat) erzählten. Die wichtigsten Ereignisse dieser Moritat sah man auf Bildern dargestellt. Zur musikalischen Begleitung spielte der Leierkastenmann. Beim Leierkasten wird mit dem Drehen der

Häusliche Kammermusik (um 1810) mit einem Klavierquintett (Tafelklavier, zwei Violinen, eine Viola, ein Violoncello).

Bekannte Sängerinnen
wurden am Klavier begleitet (um 1890).

Kurbel ein Blasebalg bewegt, der die Luft für die Pfeifen erzeugt. Gleichzeitig dreht sie eine Walze mit Stiften, die die Pfeifen öffnet und schließt. Das ist so ähnlich wie bei der Orgel. Deshalb nannte man den Leierkasten auch Drehorgel. In Gartenlokalen spielten Schrammelkapellen zum Tanz.

Moritatensängerin
und Leierkastenmann (19. Jh.)

Schrammelmusik
(um 1880)

das Cornu, Rom, 400 v. u. Z.

Schon bei den Römern und anderen alten Völkern Europas nahmen Blasinstrumente oft einen bevorzugten Platz im Musikleben ein. Über Jahrhunderte hinweg gehörten Bläser und Trommler vor allem zur Militärmusik. Später bildeten sich besonders in Dörfern Blaskapellen, die bei Umzügen voranmarschierten und auch zum Tanz aufspielten. Heute zählt man diese Musik zur Volkskunst, Folklore (folk – Volk, englisch) genannt.

die Landsknechtstrommel, 17. Jh.

große Trommel, Südvietnam

Überall auf der Erde bauten sich die Menschen Musikinstrumente, deren Bau und Klang sich häufig sehr von denen in Europa unterscheiden. Vor allem in Südosteuropa entstanden vielfältige Arten des Musizierens. Oft begleitete man mit dieser Musik ausdrucksvolle Tänze. Ihr seht hier Rahmentrommel, Holzstabspiele (Xylophone), Langhalslaute (links), Spießlaute, Gongspiel (Mitte), Oboe und Faßtrommeln (rechts).

die Röhrenzither, Südvietnam

Die Menschen mußten ihre Musikinstrumente aus dem Material bauen, das sie in der Natur vorfanden. Auch deshalb gibt es heute eine große Vielfalt an Musikinstrumenten in aller Welt.

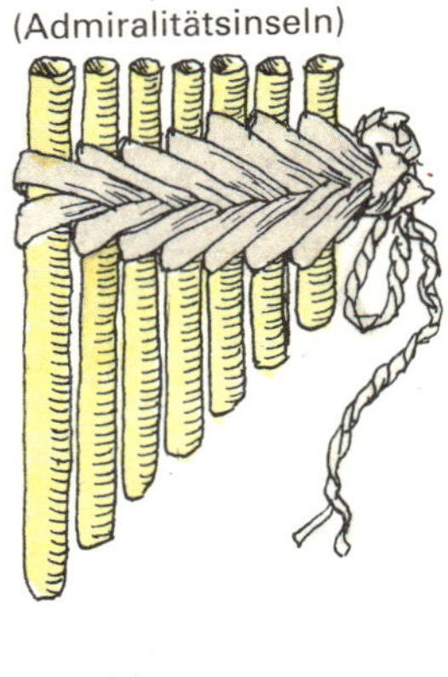

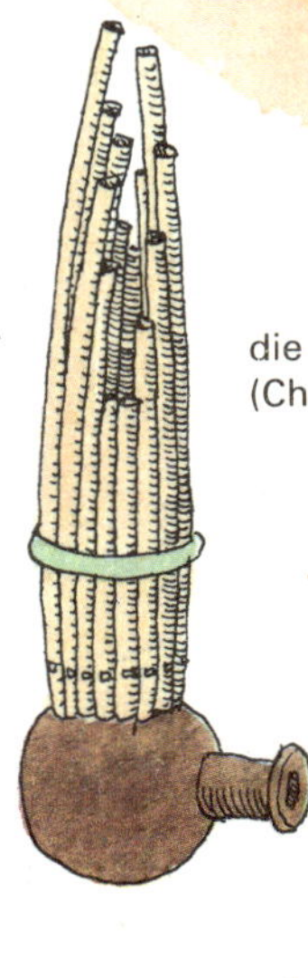

afrikanische
Bogenharfe
(Liberia)
asiatische
Baumtrommel
(Burma)
indonesische
Nasenflöte
(Malakka)
cie Sanduhrtrommel (Neuguinea)
die Kantele
(Karelien)
das Zimbal
(Karpato – Ukraine)
die Balalaika
(Ukraine)

Streicher

1 Dirigent
2 1. Violinen
3 2. Violinen
4 Bratschen
5 Celli
6 Kontrabässe

Holzbläser

7 Pikkoloflöte
8 große Flöten
9 Oboen
10 Englischhorn
11 Klarinetten
12 Baßklarinette
13 Fagotte
14 Kontrafagott

Blechbläser

15 Hörner
16 Trompeten
17 Posaunen
18 Baßtuba

Schlagzeug

19 Pauken
20 große Trommel
21 Becken
22 Triangel
23 Becken

24 Pianoforte oder Klavier
25 Harfen

das Kontrafagott

Ein Orchester ist eine große Gruppe von Musikern, von denen jeder ein Instrument spielt, das zu einer bestimmten Instrumentenfamilie gehört. Übernimmt ein Instrument in einem Musikstück besondere Aufgaben, dann nennt man das erklingende Werk oft Solo-Konzert. Damit alle Instrumente gut zusammenklingen, dirigiert ein Dirigent das Orchester. Er muß von allen Musikern gut gesehen werden können.

die Baßklarinette

Unsere Sprache kann durch Buchstaben und andere Zeichen aufgeschrieben und damit über Jahrhunderte hinweg weitergegeben werden. Viel Zeit ist vergangen, ehe die Menschen auch für die Musik eine Schrift fanden. Unsere heute gebräuchliche Notenschrift wurde von dem italienischen Gelehrten Guido von Arezzo (um 1000) erfunden. Mit ihrer Hilfe können wir Musik aufschreiben und immer wieder spielen. Dabei ordnet man die Töne wie auf einer Leiter auf den Sprossen (Linien) und Zwischenräumen an. Oft reichen die fünf Notenlinien und vier Zwischenräume nicht aus, um besonders hohe oder tiefe Töne darzustellen. Dann nimmt man sogenannte Hilfslinien oben und unten dazu. Die unterschiedliche Dauer der Töne wird durch den leeren oder ausgefüllten Notenkopf und den Notenhals gekennzeichnet.

Wer die wichtigen Bestandteile der Notenschrift kennt, kann selbst ein Lied nach Noten singen. Auf der nächsten Seite unten ist die Anfangszeile eines bekannten Liedes zu finden. Man kann leicht danach singen. Es gibt aber noch viele andere Zeichen der Notenschrift. Ein Musiker muß viel lernen, um sie alle zu kennen. Noch schwerer hat es ein Musiker, der die vielen Töne zu einem Musikwerk ordnen will. Man nennt das Komponieren. Oft dauert es Monate oder sogar Jahre, ehe ein Musikwerk fertig ist und man es spielen kann. Der Komponist schreibt die

Früher schlug oft einer der Spieler den Takt mit dem Violinenbogen und stampfte dazu mit dem Fuß.

Heute achten die Musiker genau auf den Gesichtsausdruck, die Hand- und Armbewegungen des Dirigenten.

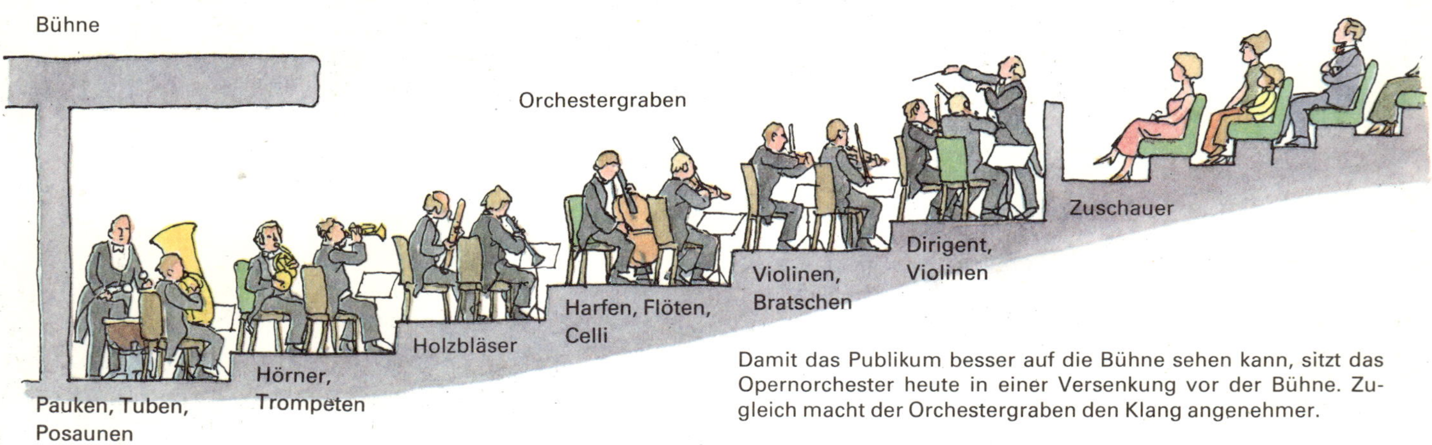

Damit das Publikum besser auf die Bühne sehen kann, sitzt das Opernorchester heute in einer Versenkung vor der Bühne. Zugleich macht der Orchestergraben den Klang angenehmer.

Noten für alle Instrumente auf ein großes Notenblatt (Partitur). Alle gleichzeitig erklingenden Töne werden durch genau übereinanderstehende Noten angegeben. Jedes Instrument findet hier seine „Stimme". Taktstriche dienen zur Gliederung der Musik und zeigen, wie die einzelnen Töne zu betonen sind.

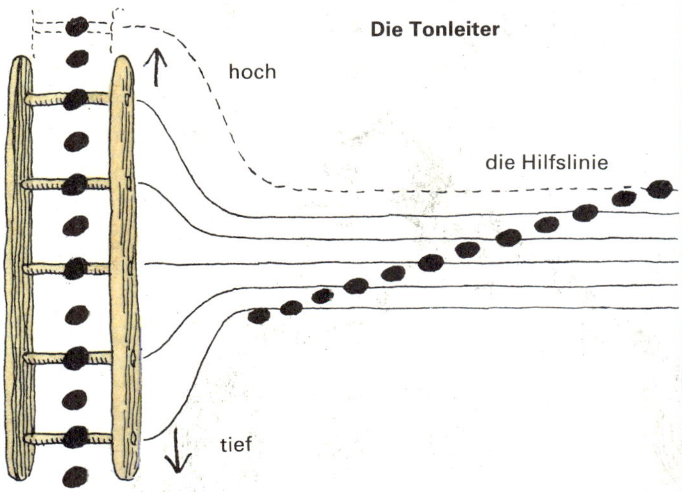

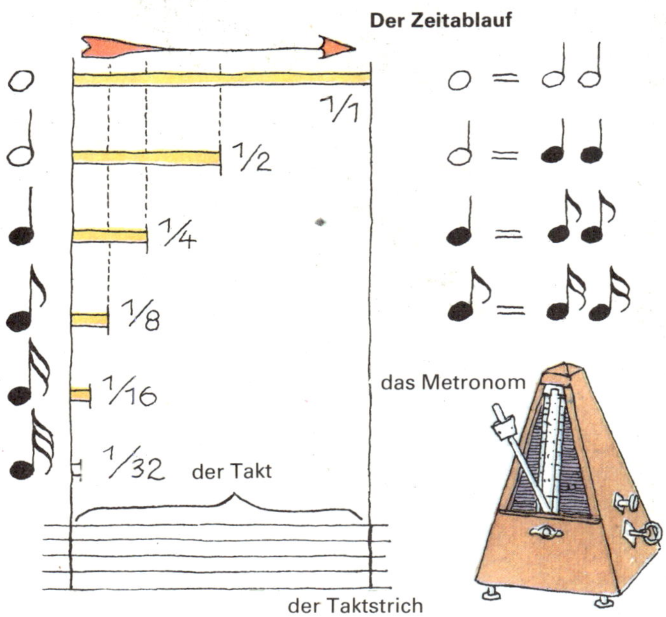

Bruder Jakob, Bruder Jakob, schläfst du noch?

Frère Jacques, frère Jacques, dormez-vous?

Are you sleeping, are you sleeping, brother John?

Johannes Brahms (1833–1897)
Erste Symphonie, c-Moll, op. 68, Anfang der Partitur

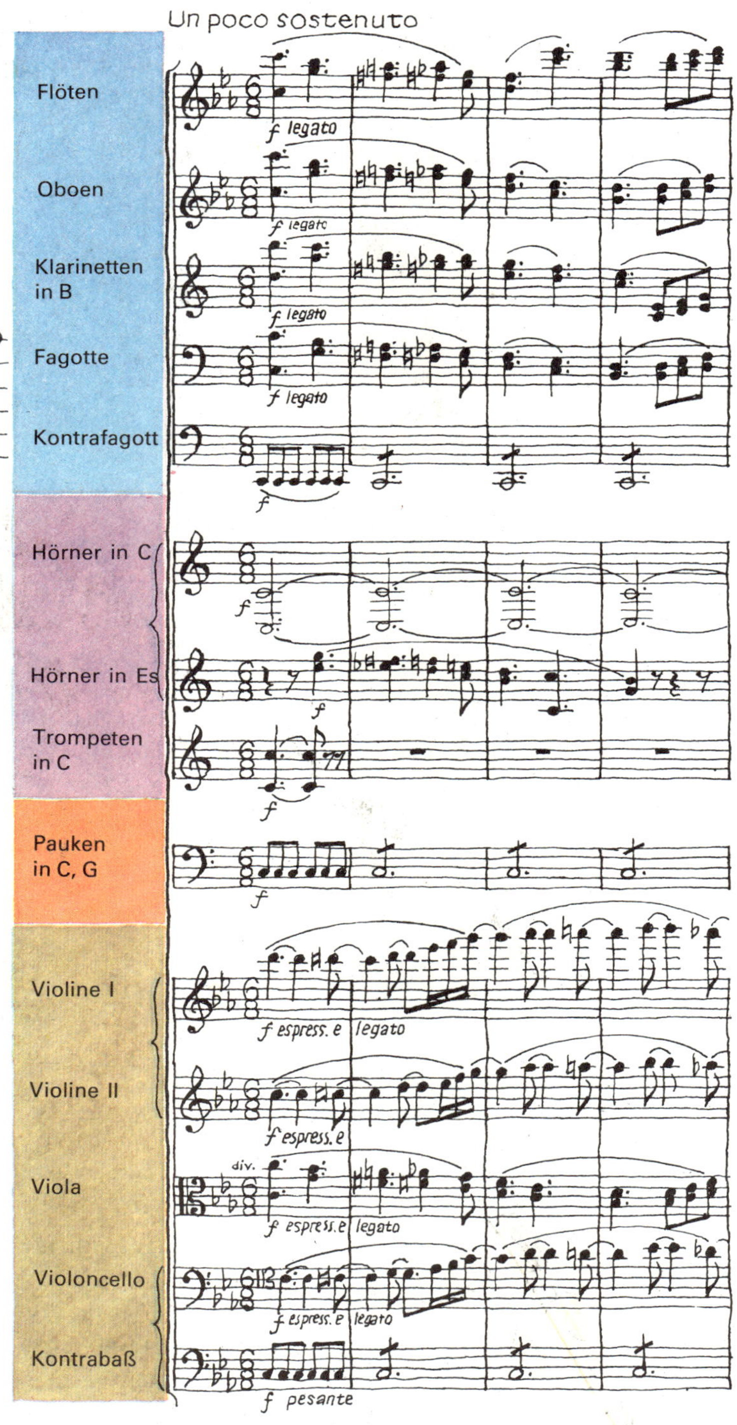

das
Saxophon

Das über dreihundertjährige Nebeneinander von afrikanischer Folklore und europäisch-amerikanischer Musik führte im vergangenen Jahrhundert in den Südstaaten von Nordamerika zum Jazz, der Musik der amerikanischen Neger. In ihren Liedern und Tänzen beschrieben sie ihr hartes Leben. Später entstanden kleine Kapellen, die Jazzbands. Auch heute gibt es viele berühmte Jazz-Musiker.

das
Waschbrett

Seitdem mit Hilfe der Elektronik alte Musikinstrumente verändert und auch völlig neue entwickelt worden sind, ist unsere Musik um viele Klangmöglichkeiten bereichert, besonders in der Rockmusik. Die ältere (klassische) Musik, der Jazz, der Rock'n Roll und der Beat sind Vorbild für diese mitreißende und gefühlvolle Musik, die – im Gegensatz zum Schlager – die Gedanken und Gefühle junger Menschen treffsicher ausdrückt.

Bereits in alten Zeiten haben die Menschen versucht, Musik auf mechanischem Wege erklingen zu lassen. Zwitschernde Metallvögel oder Spieluhren wurden mit einer Feder betrieben, die man vorher aufziehen mußte. Auch mit dem Leierkasten konnten gespeicherte (konservierte) Musikstücke mechanisch abgespielt werden. In unserem Jahrhundert erfand man dann die elektronische Musikübertragung. Aus dem Grammophon mit der Handkurbel wurden der elektrisch betriebene Plattenspieler, das Tonbandgerät, der Kassettenrecorder und der Videorecorder. Der Klang vieler Instrumente kann heute elektrisch verstärkt werden, so wie man bei einem Radio den Ton lauter stellt.

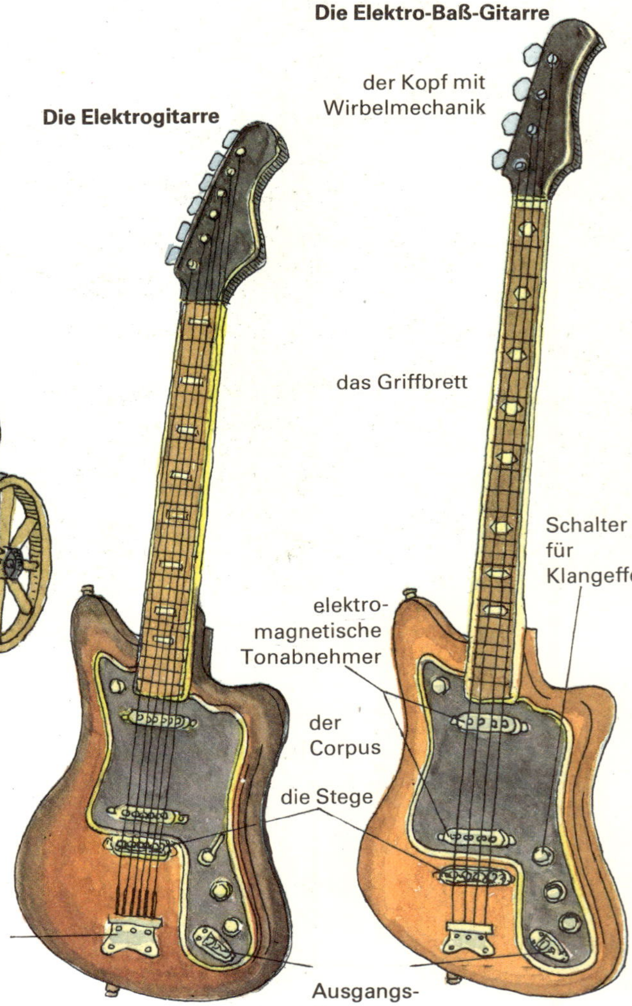

Die Diskothek

Über große Verstärkeranlagen und Lautsprecherboxen kann die Musik so laut übertragen werden, daß wenige Musiker für große Säle oder Freiluftkonzerte genügen. In einer Diskothek wird die Musik nur von Musikkonserven über elektronische Wiedergabegeräte abgespielt.

Diese und andere Instrumente gehören zum Schlagzeug.

Die Rock-Gruppe

Ein Toningenieur regelt die Lautstärke und Klangfarbe für die Lautsprecherwiedergabe.

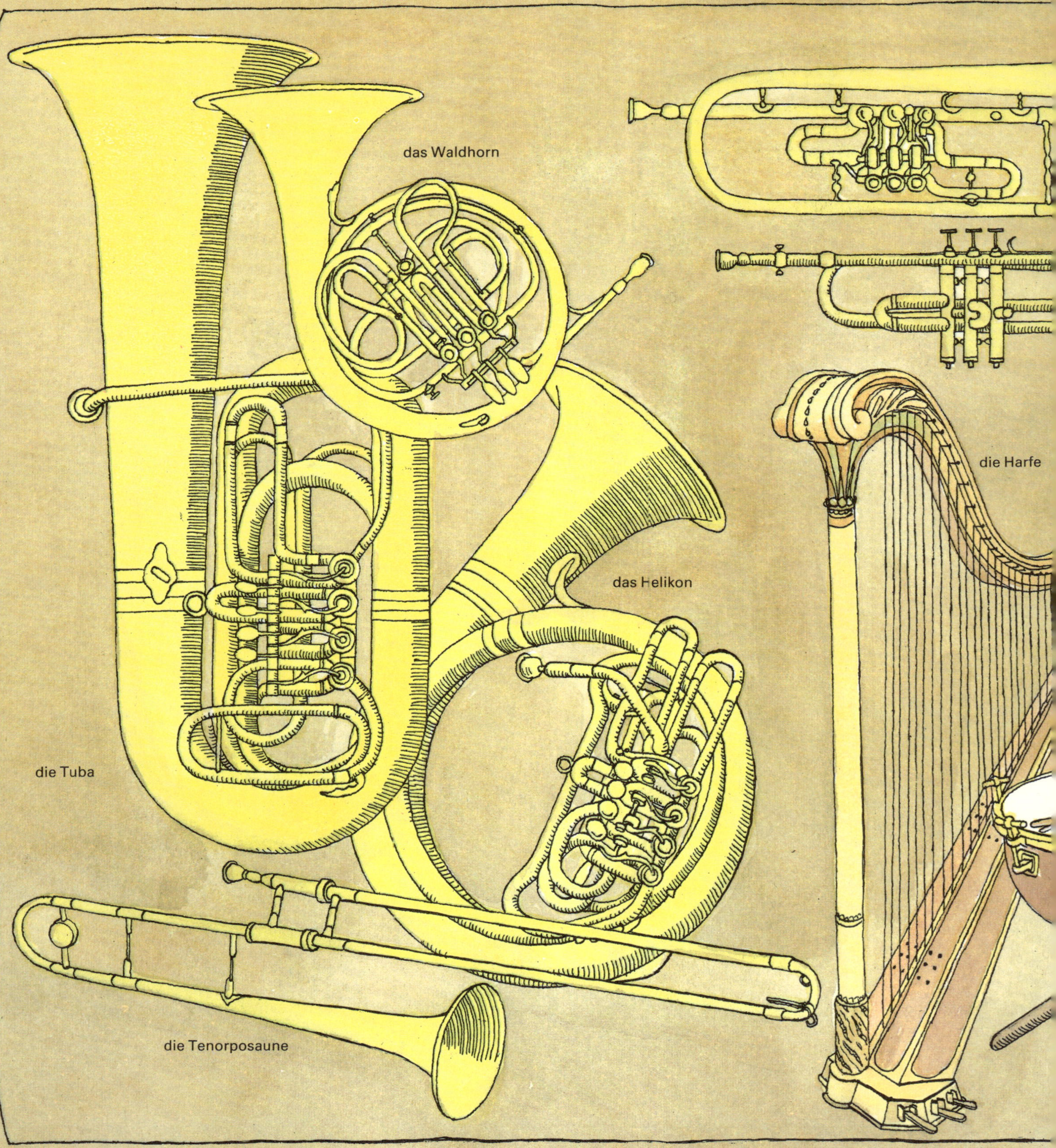
das Waldhorn
die Harfe
das Helikon
die Tuba
die Tenorposaune